AF319618

DE LA

RESPONSABILITÉ DU COMMETTANT

A RAISON DU

dommage causé par le préposé

Extrait du Journal l'*Assurance Moderne*

PARIS

IMPRIMERIE PAUL DUPONT

4, RUE DU BOULOI, 4.

1892

DE LA

RESPONSABILITÉ DU COMMETTANT

A RAISON DU

dommage causé par le préposé

« Tout fait de l'homme qui cause un dommage à autrui oblige celui par la faute de qui il est arrivé, à le réparer ». Ainsi s'exprime l'art. 1382 du Code civil. Si les hommes sont toujours tenus de réparer les torts qui leur sont imputables, il est des cas où ils répondent aussi du fait d'autrui. C'est ce qui résulte de l'art 1384. Cet article pose en règle, que les père et mère, instituteurs et artisans, maîtres et commettants sont responsables du dommage causé par leurs enfants mineurs, élèves et apprentis, domestiques et préposés.

Cette responsabilité est connue sous le nom de responsabilité civile. On serait tenté d'en rechercher l'origine dans la théorie des *Actions noxales* du Droit romain (1). On sait qu'en droit romain le maître et le *pater familias* étaient tenus *noxaliter* des délits commis par leur esclave ou leur fils de famille. Poursuivis par une

---

(1) Voir un article de M. Girard, *Nouv. Rev. hist.*, 1887, p. 409.

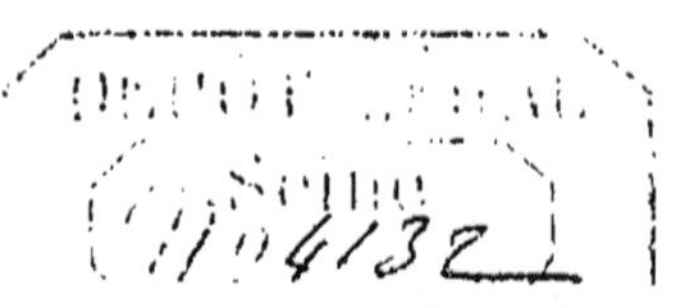

action noxale, ils pouvaient se soustraire à l'exécution de la condamnation, au payement de la *litis œstimatio*, en abandonnant à la victime du délit par la *deditio noxalis* l'esclave ou le fils de famille coupable. N'y a-t-il pas là, sauf le tempérament de l'abandon noxal qui a disparu, l'origine de la responsabilité civile du maître ou du père ? N'en croyez rien. La notion de responsabilité civile était inconnue des Romains. La théorie des actions noxales qui se retrouve dans toutes les législations primitives se rattache au système de la vengeance privée et des compositions. Le droit de vengeance privée s'exerçant sur la personne même du coupable venait se heurter au droit de propriété exercé sur cette même personne par le maître ou le *pater*. Comment concilier ces deux droits ? On permit au *pater* et au maître d'arrêter la victime du délit dans l'exercice de sa vengeance par l'offre d'une rançon. L'idée de responsabilité civile est donc étrangère à la théorie de l'action noxale. Elle apparaît cependant dans un cas, celui où l'esclave a agi non sur l'ordre du maître mais à son vu et su, *sciente nec prohibente domino*. C'est qu'en effet, dans ce cas, le maître était tenu de deux actions : une action noxale et une action directe (1).

____

(1) De même, le maître était tenu d'une action *in solidum* lorsqu'il avait essayé de se procurer

Si le véritable caractère des actions noxales est aujourd'hui parfaitement compris, grâce aux travaux de la science moderne, il fut longtemps méconnu. Les anciens interprètes du droit romain rattachaient l'obligation du maître et du père à l'idée d'un défaut de surveillance, et cette interprétation erronée des textes du Digeste conduisit nos anciens auteurs à élaborer la théorie moderne de la responsabilité qui, d'ailleurs, était loin d'avoir alors l'importance qu'elle a acquise en notre siècle. Pothier n'y consacre que de courts développements qui ne peuvent nous être d'une grande utilité pour l'étude de la responsabilité civile des commettants à raison des faits de leurs préposés, qui doit seule nous occuper.

Cette responsabilité est une responsabilité du fait d'autrui. La personne lésée par le fait dommageable a deux débiteurs : l'auteur de ce fait et la personne qui en est civilement responsable.

D'un même fait naissent deux actions, l'une basée sur l'art. 1382, l'autre sur l'art. 1384. L'obligation qui pèse sur la personne civilement responsable n'a pas pour effet d'affranchir de toute obligation de réparer le dommage, l'auteur direct du délit ou du quasi-délit ; il reste le débiteur direct, mais

l'impunité, en cessant, par dol, de posséder l'esclave auteur du délit ou en niant faussement l'avoir eu en son pouvoir.

à côté de cette obligation principale existe une obligation accessoire. La partie lésée, a-t-on dit, retire ainsi de la responsabilité civile l'avantage d'avoir deux obligés pour un comme au cas de cautionnement : on peut même dire pour être plus précis et plus exact, comme au cas de cautionnement solidaire. La victime du délit et du quasi-délit pourra, en effet, actionner conjointement ses deux débiteurs soit devant le tribunal civil, soit si le fait reproché constitue un délit ou un crime, devant la juridiction répressive, et obtenir contre eux une condamnation solidaire. Elle pourra, si elle le préfère, ne poursuivre que l'auteur du délit ou quasi-délit (1) ou même n'actionner que la personne civilement responsable (2); celle-ci aura, il est vrai, le droit de se prévaloir de la prescription acquise à l'auteur du fait dommageable (3) , et de le mettre en cause ; elle conservera un recours contre lui (4). La jurisprudence est absolument fixée sur tous ces points.

Ainsi donc le commettant répond du dommage causé par autrui. N'y a-t-il pas dans cette responsabilité du fait d'autrui une dérogation au grand principe de la personnalité des fautes en vertu duquel nul n'est

---

(1) Cass. 17 juill. 1876; S.76.1.477.
(2) Cass. 2 déc. 1881 : S.83.1.44.
(3) Cass. 24 fév. 1886 ; S.86.1.460.
(4) Lyon, 30 juin 1887 ; S.89.2.65.

garant que des fautes qu'il a personnellement commises ?

On a très justement répondu que cette
dérogation n'existe qu'en apparence. Un fait
dommageable qui est l'œuvre de *Primus*
peut constituer une faute à la charge de
Secundus. Lorsque *Primus* n'a agi que
sur l'ordre de *Secundus* ce dernier sera
responsable à raison de l'ordre qu'il a donné
en vertu du principe *qui mandat ipse
fecisse videtur*, il répondra non pas de la
faute de *Primus*, mais de sa faute à lui
Secundus, de sa faute prouvée (1). Eh bien!
l'art. 1384, en décidant que le père et la
mère, l'instituteur et l'artisan, le maître et
le commettant répondent des dommages
causés par leurs enfants mineurs, élèves,
apprentis, domestiques ou préposés, à
raison de l'autorité qu'ils ont sur ces différentes personnes qu'ils doivent surveiller,
cet article ne fait qu'établir à la charge de
ces différentes personnes une présomption
de faute.

Le principe reste entier, nul n'est jamais
responsable que de sa faute, mais tandis
que le plus souvent on répond d'une faute
prouvée, les personnes énumérées dans

---

(1) V. un exemple intéressant dans l'arrêt suivant. Cass. Réq. 1er juin 1874; D.74.1.385; S.74.
1.484; cf. Paris, 13 mai 1873, *ibidem*. (Il s'agissait d'un commerçant responsable, à raison des
instructions données à un charretier qui lui
livrait des marchandises.)

l'art. 1384 sont responsables à raison d'une faute présumée. Cette présomption constitue une dérogation très importante au droit commun, elle a un caractère exorbitant et on comprend qu'elle n'existe pas dans toutes les législations et que notamment le projet de code civil pour l'Empire d'Allemagne l'ait formellement répudiée (1).

Ainsi donc la responsabilité du commettant repose sur une présomption de faute. Or, il est de principe qu'il n'y a pas de présomption sans texte et que les présomptions établies par un texte ne peuvent être étendues à des cas non prévus par ce texte, fût-ce par voie d'analogie. Il faut donc appliquer à l'art. 1384 les règles d'une interprétation d'autant plus étroite qu'il établit une présomption de faute, et une présomption *juris et de jure* pour me servir d'une vieille expression barbare mais commode. La présomption de faute qui pèse sur le commettant n'est pas en effet susceptible de preuve contraire : le commettant ne peut être admis à prouver qu'il n'a commis aucune faute et qu'il n'était pas en son pouvoir d'empêcher son préposé de commettre le fait dommageable à raison duquel on le poursuit.

Il y a là une solution extrêmement rigou-

____

(1) Les art. 709 et 710 décident que le maître ne sera responsable que de son défaut de surveillance ou de son choix, la preuve étant toujours à la charge de la victime.

reuse et très critiquable au point de vue législatif. Peut-être pourra-t-on, dans une refonte de notre Code, la modifier, mais elle est pour le moment hors de conteste. Elle n'a jamais fait difficulté en jurisprudence (1). Elle résulte avec évidence du texte rapproché des précédents et des travaux préparatoires. Du texte d'abord. En effet, l'article 1384, après avoir établi la responsabilité civile des parents commettants, instituteurs et artisans, ajoute dans son dernier paragraphe : « La responsabilité ci-dessus a lieu à moins que les père et mère, instituteurs et artisans ne prouvent qu'ils n'ont pu empêcher le fait qui donne lieu à cette responsabilité. » On voit que la preuve contraire est ouverte aux parents instituteurs et artisans, mais non aux commettants. Cet argument tiré du silence du texte devient décisif quand on le rapproche de Pothier où nous lisons que les maîtres sont responsables du tort causé par leurs serviteurs et ouvriers dans le cas même où il n'aurait pas été en leur pouvoir d'empêcher le délit ou quasi-délit. (*Obligations,* n° 121.)

Le rapporteur, au Tribunal Bertrand de

---

(1) Cass. Crim. 25 nov. 1815 et 11 juin 1836. (D. A. V° Responsabilité n° 695 1°); — Paris 15 mai 1852, D. 1852.5.241; — Cass. 3 avril 1860; S.60.1.1013; — Dijon, 23 avril 1869; S.69.2.148; — Trib. Moulins, 8 janv. 1887; S.87.1.173; — Cass. 19 avril 1887; S.87.1.217; — Paris, corr. 18 avril 1839; Loi 27 sept.; — Trib. Emp. All., 11 déc. 1885; S.87.4.18.

Greuille nous dit que « les commettants et *maîtres ne peuvent dans aucun cas* argumenter de l'impossibilité ou ils prétendaient avoir été d'empêcher le dommage causé par leurs domestiques ou préposés dans les fonctions auxquelles ils les ont employés; le projet les assujettit toujours à la responsabilité la plus entière et la moins équivoque. »

La solution est donc certaine, la présomption de faute pesant sur le commettant ne peut tomber devant aucune preuve contraire.

Quelle peut être la raison d'être d'une pareille responsabilité et le fondement d'une présomption aussi rigoureuse. La question est très vivement discutée en doctrine, bien qu'elle soit depuis lontemps tranchée en jurisprudence.

Beaucoup d'auteurs et des plus éminents (1) posent en principe que le fondement de la responsabilité civile du commettant, repose dans l'idée que ce dernier a le choix de son préposé. Lorsque ce préposé cause un dommage à un tiers, son maître est présumé avoir fait un mauvais choix C'était déjà la théorie de Pothier. «Cela a été établi, dit Pothier, pour rendre les maîtres attentifs à ne servir que de bons domestiques (2). » « Le commettant n'a-

(1) Demolombe, tome XXXI, p. 530. n° 610; — Colmet de Santerre, tome V.p. 663, n. 365 bis. VII

(2) Pothier, *Traité des obligations*, n° 121.

t-il pas, dit Bertrand de Greuille (1), dans son rapport au Tribunal à se reprocher d'avoir donné sa confiance à des hommes méchants, maladroits et imprudents. »

Quelque concluants que semblent ces arguments, je ne crois pas que la responsabilité civile du commettant ait sa base dans l'idée qu'il choisit librement ses préposés. Il est préférable à mon avis de s'attacher à une autre idée que je trouve indiquée dans les travaux préparatoires avec plus de netteté encore. « Les père et mère, instituteurs et artisans, maîtres et commettants sont investis, nous dit le tribun Tarrible (2), d'une autorité suffisante pour contenir leurs subordonnés dans les limites du devoir et du respect dû aux propriétés d'autrui. Si les subordonnés les franchissent, ces écarts sont attribués avec raison au relâchement de la discipline domestique qui est dans la main du père, de la mère, du commettant, de l'instituteur et de l'artisan. Ce relâchement est une faute, etc. » Ainsi donc la responsabilité civile du commettant a la même base que la responsabilité du père, pour laquelle l'idée de choix n'intervient en aucune façon, elle repose donc de même sur l'idée d'autorité! Le maître ou commettant a autorité sur son préposé, a le droit de lui donner des

----

(1) Locré, tome VI, p. 280.
(2) Fenet, XIII, p. 483.

ordres et des instructions relativement au travail dont il le charge, il a le droit de le surveiller dans l'exécution de ce travail.

Il n'en a pas seulement le droit, mais le devoir; si un dommage est causé par le préposé dans l'exercice de ses fonctions, on présume que le maître a manqué à son devoir, que sa surveillance n'a été ni assez étroite, ni suffisament intelligente, que ses ordres ont été défectueux, ses instructions incomplètes.

La jurisprudence est depuis longtemps fixée en ce sens que la responsabilité du commettant à raison des dommages causé par son préposé dérive, ce sont les expressions même d'un arrêt (1), de la dépendance et de la soumission du préposé à la volonté du commettant.

Ainsi donc l'art. 1384 établit à la charge du commettant une responsabilité du fait d'autrui, qui repose sur une présomption de faute; cette présomption, qui n'est pas susceptible de preuve contraire a son fondement dans l'autorité exercée par le commettant sur le préposé. Voilà une triple idée à laquelle nous nous attacherons pour résoudre toutes les difficultés que soulève l'étendue de cette responsabilité.

---

(1) Toulouse, 10 janv. 1876 ; D.77.2.41 Cf Cass. crim., 30 déc. 1875 ; D.76.1.415 ; — Cass. Req., 4 fév. 1880 ; D.80.1.392 ; — Cass. 25 oct 1886 ; S. 87.1.457 ; D.87.1.225 ; — Poitiers 1. mars 1888 ; D.88.2.310.

Nous consacrerons à cette étude de l'étendue de la responsabilité du commettant la première partie de nos développements. Nous nous demanderons ensuite dans une seconde partie si le commettant peut se décharger d'avance de cette responsabilité ou en rejeter par une assurance le fardeau sur un tiers.

PREMIÈRE PARTIE

Etendue de la responsabilité civile du Commettant.

Nous devons étudier quelle est la portée exacte de la responsabilité civile du commettant, soit quant aux personnes, à l'égard de qui elle existe, soit quant aux dommages qui la mettent en jeu, soit quant à la mesure dans laquelle le commettant est tenu de réparer ces dommages. Et d'abord quel sens faut-il attribuer exactement aux expressions « maître » et « domestique », « préposé » et « commettant », que nous trouvons dans l'article 1384.

Le mot domestique, bien que difficile à définir, est très clair par lui-même. D'ailleurs, les domestiques n'étant qu'une variété de préposés, c'est à cette expression générale que nous devons nous attacher. Le plus souvent, les tribunaux n'éprouvent aucune hésitation à voir dans l'auteur de tel quasi-délit le préposé d'une autre personne. Le propriétaire d'une maison est responsable, nul n'en doute, des méfaits de son concierge. Les recueils sont pleins de jugements consacrés à cette classe peu intéressante de préposés (1). Pas de difficultés non plus pour les ingénieurs, contremaîtres et ouvriers de l'industrie. En sens inverse, on ne peut songer à rendre le capitaine d'un navire responsable des faits de ses passagers, ou le directeur d'une maison de santé des crimes de ses aliénés (2). Mais il est bien des cas où la question est délicate. A quel critérium recourir?

La responsabilité de l'article 1384 suppose une personne employée par une autre à un service quelconque. Faut-il

(1) Bordeaux, 7 fév. 1871, Rec. de B., 71, p. 26; Paris, 29 juill. 1881; S., 81, 1, 188. — Trib. civil Seine, 9 mai 1882; S., 83, 2, 21. — Paris, 3 juin 1883; D., 87, 2, 87. — Lyon, 21 janv. 1887; S., 87, 2, 104; D., 87, 2, 87. — Lyon, 21 déc. 1887; S., 89, 2, 31. — Trib. civ. Seine, 2 fév. 1889; S., 89, 2, 71. — Paris, 20 juill. 1889; S., 90, 2, 159.

Ces arrêts rendent les propriétaires responsables des faits vexatoires commis par les concierges, vis-à-vis de locataires ou d'anciens locataires déménagés, par exemple du refus de donner la nouvelle adresse.

(2) Grenoble, 11 déc. 1874; D., 75, 1, 103.

donc nous attacher à la nature du contrat unissant ces deux personnes? Non... Que ce contrat constitue un louage de service ou un mandat, peu importe. Nous avons dit que le fond ment de la responsabilité civile du commettant se trouve dans l'autorité qu'il a sur le préposé. Cette idée nous fournit un critérium à la fois très simple et très net. Nous dirons : Il y a relations de préposé à commettant, au sens de l'article 1384, seulement dans les cas où une personne ayant confié à une autre l'exécution d'un travail, l'accomplissement d'un mandat ou l'exercice d'une fonction, a autorité sur elle, c'est-à-dire lorsqu'elle a le droit, à l'occasion de ce mandat, de ce travail ou de cette fonction, de la surveiller, de lui donner des ordres ou des instructions. Peu importe que celui qui exerce l'autorité ait choisi plus ou moins librement celui qui y est soumis ou même qu'il ne l'ait pas choisi du tout.

Ainsi, les agents assermentés des Compagnies de chemins de fer, en tant qu'officiers de police judiciaire, dépendent du commissaire de surveillance administrative, ils ne sont pas des préposés de la Compagnie qui, cependant, les a choisis (1).

Les religieux, administrant un séminaire placé sous l'autorité de l'évêque, sont ses

____

(1) Cass., 24 juin 1890; S., 91, 1, 511.

préposés, non les préposés de la congréga-
tion qui les a délégués (1).

Une grue est louée avec le mécanicien
qui la manœuvre habituellement, c'est le
locataire qui répondra des dommages causés
par le mécanicien (2).

Le propriétaire ne joue pas le rôle de
commettant vis-à-vis de ses fermiers, mé-
tayers (3) ou colons partiaires (4), qui ne
sont pas soumis à son autorité dans l'exploitation des terres qu'il leur a louées.

Un propriétaire charge un entrepreneur
de lui construire une maison. Répondra-t-il
des dommages causés par les ouvriers de
cet entrepreneur? Pas le moins du monde.
Le propriétaire, en effet, n'a pas la direc-
tion matérielle ni la surveillance du travail;
les ouvriers n'ont pas d'ordre ni d'instructions à recevoir de lui (5). Il en sera de

(1) Toulouse, 10 janv. 1876; D., 77, 2, 41. — Cf.
Cass., 25 oct. 1886; D., 87, 1, 225.

(2) Poitiers, 19 mars 1888; D., 88, 2, 310. — Cf.
ponr le cas où une Compagnie loue des chevaux
qui passent sous la surveillance des employés de la
gare. Douai, 14 mars 1879; S., 80, 2. 290.

(3) Bordeaux, 10 mars 1874; S., 74, 2, 252; D.,
75, 2, 67.

(4) Bourges, 7 déc. 1885; S., 86, 1, 107.

(5) Liège 19 mai 1880; S., 80, 4. 40. — Cass.
15 janv. 1889; S., 89, 1, 74 (Il s'agissait de travaux
publics pour le compte d'une commune). — Cf.
Riom, 14 janv. 1884; D., 85, 2, 116.
V. pour le cas du propriétaire d'une minière qui
a confié à un entrepreneur, moyennant un prix fait,
le découvert de cette minière : Cass., 4 fév. 1880;
S., 80, 1, 463; D., 80, 1, 392.

même lorsqu'un propriétaire a traité à forfait avec un bûcheron (1) ou un charbonnier (2) pour l'abatage de ses bois et leur transformation en charbon.

Le même raisonnement nous conduit à décider que l'entr preneur ne répond pas du dommage causé par les ouvriers du sous-entrepreneur, tandis qu'il est responsable de celui causé par le tâcheron et les ouvriers que le tâcheron emploie, sur lesquels il conserve une autorité entière (3).

Ainsi, pour que l'auteur d'un dommage soit considéré comme le préposé d'une autre personne, il faut qu'il soit soumis à l'autorité de cette personne. Or, dans notre législation, qui ne connaît plus l'esclavage, cette dépendance d'une personne par rapport à une autre n'est jamais générale ni absolue. Le préposé ne dépend du commettant que par rapport au mandat, au ravail ou aux fonctions qui lui ont été confiées. Le commettant ne répondra donc du fait de son préposé qu'autant qu'il se rattache à ce mandat, à ce travail ou à ces fonctions. Telle est la règle qui s'imposait et qu'a consacrée l'article 1384.

---

(1) Toulouse, 3 mars 1883; S., 84, 2, 161.

(2) Cass. — *Crim. rej.*, 30 déc 1875; D., 76, 1, 415,

(3) Jugé qu'un entrepreneur de fournitures n'est pas responsable du dommage causé par les détenus qu'il emploie à des travaux, en exécution de son cahier des charges, et sous la surveillance de l'administration. Alger, 15 avr. 1872; S., 72, 2, 294.

Mais si le commettant ne répond que des dommages causés par le préposé dans l'exercice de ses fonctions, il répond de tous ces dommages, quelle que soit leur nature et leur qualification juridique. Il n'y a pas à distinguer entre le délit civil et le quasi-délit, il n'y a pas davantage à rechercher si le fait reproché constitue seulement un délit civil ou s'il est justiciable des tribunaux repressifs. Le commettant répondra, par exemple, d'un homicide par imprudence, d'une escroquerie, d'un faux, d'un acte de contrefaçon ou d'une parole diffamatoire. Le commettant sera responsable, non seulement d'une faute aquilienne, mais aussi d'une faute contractuelle. Je m'explique : le débiteur d'une obligation ne pourra s'en prétendre libéré quand l'inexécution aura été rendue impossible par le fait d'une personne dont il répond aux termes de l'article 1384. Le voiturier sera responsable de la perte du colis imputable à son agent.

Il n'y a pas à distinguer davantage entre le cas où la victime du délit ou quasi-délit est un tiers, et celui où elle se trouve être un autre préposé du même commettant, un camarade de travail du coupable (1).

Tout cela ne saurait souffrir de difficulté ! Plus délicate est la question de savoir dans quel cas on peut dire qu'un dommage im-

____

(1) Aix, 23 nov. 1875; D., 77, 2, 135. — Paris, 8 juin 1877; D., 77, 2, 203.

putable à un préposé a été commis par *lui,
dans l'exercice de ses fonctions.* Cette expression nous montre qu'il doit exister entre
le fait dommageable et les fonctions exer-
cées un lien intime. Aussi, n'hésitons-nous
pas à dire, quoique cette formule ait été
contestée (1), qu'il ne suffit pas que le
dommage ait été causé par le préposé
pendant qu'il exécutait le travail ou exer-
çait les fonctions à lui confiées, il faut
supposer, en outre, que le préposé a exécuté
ce travail ou exercé ces fonctions avec
imprudence, inhabileté, méchanceté ou
malhonnêteté.

Des exemples tirés de la jurisprudence
vont illustrer cette règle et la rendre plus
saisissante. Il a été jugé que le directeur
d'un bureau de placement est responsable
de l'escroquerie commise par son employé
au préjudice d'une domestique se présentant
dans son établissement (2).

Le commettant ne répondra pas de l'as-
sassinat ou de l'incendie volontairement
commis par son préposé (3); il répondra, au
contraire, du feu allumé par l'imprudence
de son domestique, en faisant la cuisine ou

______

(1) *Contrà* : Laurent, Dr. civ., t. XX, p. 620,
n° 583.

(2) Paris, 3 fév. 1873; D., 71, 5, 431.

(3) Cass. Req., 3 mars 1881; S., 85, 1, 21; D.,
85, 1, 63. — Paris, 19 mai 1874; D. 74, 2, 214. —
Un arrêt a bien rendu le propriétaire et les locataires d'un droit de chasse responsables de l'assas-

en allumant le gaz (1). Le maître a donné à son valet de ferme l'ordre de tuer des corbeaux dévastant son champ. Le domestique blesse un passant; la responsabilité civile entrera en jeu (2). Il en sera de même au cas où un pâtre a commis un délit forestier en conduisant le troupeau de son maître.

Ayant ainsi déterminé de quels faits répond le commettant, nous avons à examiner maintenant dans quelle mesure il en répond. Il est facile de répondre à cette question quand on se rappelle les deux idées que nous avons dégagées au début de nos explications, à savoir que la responsabilité de l'article 1384 est une responsabi ité du fait d'autrui qui est basée sur une présomption de faute.

Supposons que le fait dommageable constitue un délit pénal ou un crime. Une peine pourra-t-elle être prononcée contre le commettant? Évidemment non. Le commettant n'a pas lui-même commis le délit imputé au préposé, et la peine, qu'elle soit

---

sinat commis par un garde particulier sur un chasseur, mais c'est à raison de la faute qu'ils avaient personnellement commise en conservant ce garde malgré sa faiblesse d'esprit et ses habitudes d'ivresse. Paris, 19 mai 1874 précité (2ᵉ espèce).

(1) Cass., 7 fév. 1880; S., 81, 2, 152. — Orléans, 19 août 1881; S., 82, 2, 64. — Cass., 24 janv. 1883; S. 83, 1, 261.

(2) Caen, 27 juin 1875; D., 78, 5, 407. — Cf. Nancy, avr. 1873, D., 74, 2, 252.

corporelle ou pécuniaire, est personnelle comme le délit lui-même. C'est pour cette raison que la responsabilité du commettant est appelée responsabilité civile, par opposition à la responsabilité pénale du délinquant. Ainsi donc, le tribunal ne pourra ordonner la confiscation des instruments ayant servi à commettre le délit, s'ils appartiennent au commettant (1). Le commettant ne pouvant être condamné à l'amende, il ne sera pas responsable des amendes prononcées contre le préposé. Il faut cependant faire exception pour certaines amendes fiscales qui constituent des réparations civiles, en matière de douanes (2) ou de contributions indirectes (3), ou pour délits forestiers (4).

L'obligation du commettant consiste dans la réparation du dommage causé. Comment entendre et calculer cette réparation ? D'une façon très simple. L'auteur direct du dommage est condamné à des dommages-intérêts que le tribunal évalue en appréciant, d'une part, le préjudice causé, de l'autre, le degré de faute du coupable. Eh bien ! le

(1) Cass., Crim. Rej., 6 juin 1850; D., 50, 5, 60.

(2) Loi des 6-22 août 1791, art. 20. — Cass., Crim. Rej., 11 déc. 1863; D., 64, 1, 200.

(3) D. du 1er germinal an XIII. — Cass., Crim., 4 déc. 1863; D., 61, 1, 195.

(4) Art. 6, 46, 47, 199 du Code forestier. Le principe général est consacré par l'article 203 du même Code et appliqué par l'article 72.

commettant devra payer intégralement ces dommages-intérêts, il ne devra rien de plus, rien de moins. C'est à cette solution que conduit l'idée de présomption de faute qui est la base de l'article 1384. Si le commettant était responsable d'une faute personnelle prouvée, étant coauteur ou complice du délit de son préposé, le tribunal devrait apprécier la gravité de cette faute pour y proportionner la condamnation ; de sorte que cette condamnation pourrait être tantôt supérieure, tantôt inférieure à celle prononcée contre le préposé. La faute étant présumée, sans preuve contraire possible, le juge n'a plus aucun pouvoir d'appréciation, et la responsabilité du commettant doit se calquer sur celle du préposé.

Si la solution est logique, elle ne laisse pas que d'être très rigoureuse. En droit romain, le maître, bien qu'ayant sur son esclave une autorité absolue, n'était en fait responsable que jusqu'à concurrence de la valeur de cet esclave. L'autorité du commettant sur le préposé est bien moindre que ne l'était celle du maître sur son esclave, et cette autorité va en s'affaiblissant (1), la responsabilité est illimitée et peut ruiner le commettant. Il y a là une solution choquante, et le législateur qui refondra le

____

(1) Le projet de loi en préparation sur les syndicats professionnels (projet Bovier-Lapierre), s'il aboutit, diminuera encore les pouvoirs du patron sur ses ouvriers.

Code civil devra s'en préoccuper. Il devra
chercher une combinaison limitant la responsabilité du maitre à l'importance du
travail commandé au préposé et des fonctions qu'il exerce. Cette idée a déjà reçu
son application en droit commercial. Un
armateur répond des faits du capitaine,
mais seulement jusqu'à concurrence de sa
fortune de mer, il peut, en effet, s'affranchir de son obligation en abandonnant le
navire et le fret (art. 216, Code de com.).

Nous aurions terminé la théorie de la
responsabilité du commettant, s'il ne nous
restait une question très importante à examiner. Nous avons toujours supposé que
le commettant était une personne en chair
et en os. L'article 1384 s'applique-t-il quand
le commettant est une de ces personnes
morales, création du législateur? Oui, sans
aucun doute, s'il s'agit d'une de ces personnes morales à personnalité incomplète
du droit privé, comme les sociétés de
commerce (1). L'article 1384 a même, en ce

____

(1) Une société de commerce répond du délit de
contrefaçon commis par un de ses préposés (Alger
29 mai 1879; S., 80, 2, 79); ou d'un faux (Cass., 28
juill. 1886; S., 86, 1, 527; D., 87, 1, 37).

Une compagnie de chemins de fer répond, non
seulement des accidents causés par ses employés
(V. un arrêt curieux. Paris, 3 fév. 1874 et Req.,
27 juin 1876; D., 74, 2, 240 et 76, 1, 375), mais même
des délits de contrebande commis par ses employés,
(Lyon, 1er juill. 1872; S., 73 2, 42). Une chambre de
commerce répond du dommage causé par le capitaine d'un remorqueur qui lui appartient (Cass.,
2 juin 1886; S., 89, 1, 268).

qui concerne ces personnes morales, une importance exceptionnelle. C'est qu'en effet, dans notre législation, tout au moins ces personnes n'ont pas de capacité délictuelle, elles sont uniquement responsables du fait de leurs préposés.

La question devient très délicate en ce qui concerne les personnes morales du droit public, et notamment l'Etat, le département et les communes. L'article 1384 s'y applique-t-il? Des auteurs, et non des moins considérables, n'hésitent pas à proclamer que l'Etat, représenté par les divers ministères, les administrations et les régies publiques, est, comme tout commettant, re-ponsable du dommage causé par ses employés dans l'exercice de leurs fonctions (1). C'est qu'en effet, l'article 1384 statue, en termes généraux, et constitue le droit commun. Cette théorie, admise par la Cour de cassation (2) et repoussée par le Conseil d'Etat, fut définitivement condamnée par le tribunal des Conflits en 1850 et en 1872. Un arrêt très important, du 1ᵉʳ février 1873 (D., 73, 3, 17), affirme que « la responsabilité de l'Etat, à raison de dommages causés aux

---

(1) Aubry et Rau, *Cours de Droit civil*, IV, p. 759 et note 16, § 447; Laurent, t. XX, n° 590, p. 630. Sourdat, *Traité de la responsabilité*, t. II, p. 452, n° 1299 et s. — Cf. Larombière, *Traité des obligations*, t. V, n° 15 de l'article 1384.

(2) Cass., 1ᵉʳ avril 1845; D., 45, 1, 261. — Cass. civ. Rej., 19 déc. 1854; D., 55, 1, 87.

particuliers, ne peut être régie par les principes établis au Code civil, pour les rapports de particuliers à particuliers ». Ce qui a conduit le Conseil d'Etat et le tribunal des Conflits à poser cette règle, c'est que la question de savoir si l'article 1384 s'applique à l'Etat, est intimement unie à la question de compétence. Admettre que l'Etat doive être traité comme un commettant ordinaire, c'est le soumettre à la compétence judiciaire. Or, il est impossible de laisser les tribunaux judiciaires apprécier les actes de l'administration; ce serait violer le grand principe de la séparation des pouvoirs.

Ainsi donc, l'article 1384 est écrit uniquement, comme l'article 1382, pour les rapports d'ordre privé.

Or, l'Etat est souvent engagé dans des rapports de cette nature, par l'administration de son domaine privé et l'exploitation de ses chemins de fer. Il agit, en ce cas, comme un propriétaire ordinaire ou une Compagnie de chemins de fer; il est soumis à la même responsabilité et relève de la compétence judiciaire.

Mais, dans l'exercice de ses autres attributions, l'Etat échappe à la compétence judiciaire comme à l'application de l'article 1384. Sera t-il soustrait à toute responsabilité à raison du fait de ses agents? Ce serait une erreur de le croire, mais il est impossible de donner de la responsabilité de l'Etat comme de celle des particuliers, une formule unique et simple. « La responsabilité de l'Etat, dit le Tribunal des Conflits, n'est ni générale ni absolue. Elle a ses règles, qui varient suivant les besoins des services et la nécessité de concilier les droits de l'Etat et les droits privés. » Nous pouvons dire qu'elle diffère suivant les fonctions que l'agent de l'Etat est appelé à remplir, étant d'autant plus restreinte que la fonction est plus élevée (1). Elle est nulle dans les actes de souveraineté, actes législatifs, de gouvernement ou de guerre. Les actes de puissance publique ne peuvent davantage, en principe, faire naître une obligation à la charge de l'Etat, qui ne saurait être attaqué, par exemple, à raison d'un dommage causé par un fonctionnaire exerçant des pouvoirs de police. Il en est autrement des actes de gestion faits en vue d'assurer un service public. La jurisprudence, en ce qui les concerne, distingue les fautes personnelles de l'agent, dont l'Etat ne répond pas, et les dommages résultant de ce que le service public a été mal organisé ou mal dirigé, qui engagent la responsabilité de l'Etat. Mais on dit qu'il y a là une responsabilité directe de l'Etat, mais non une responsabilité pour autrui. C'est ainsi que l'Etat répond des accidents

____

(1) V. Laferrière, *Traité de la Jurid. adm.*, I, p. 622, et II, p. 173 et suiv.

survenus aux ouvriers de ses ateliers ou manufactures, aux navires par la faute de ses officiers de ports, ainsi que des dommages causés aux personnes ou aux biens par les exercices à feu.

Je ne puis m'attarder à étudier la responsabilité des communes qui, sauf des difficultés spéciales, devrait comporter les mêmes règles, car j'ai hâte d'arriver à la 2e partie de mes explications.

DEUXIÈME PARTIE

Le Commettant peut-il, par contrat, se décharger de la responsabilité du fait de ses préposés ?

Cette question se pose, non seulement à propos de l'article 1384, mais aussi sur l'article 1382. On se demande si une personne peut stipuler à l'avance qu'elle ne répondra pas de ses propres fautes, et d'autre part, si elle peut stipuler qu'elle ne sera pas responsable des fautes de ses préposés. La question est la même et doit, par les mêmes raisonnements, recevoir une solution identique. Elle présente une sérieuse

difficulté et a soulevé de graves contro-
verses. Pour l'affirmative, on invoque le
grand principe de la liberté des contrats
consacré par l'article 1134. Les conven-
tions tiennent lieu de loi à ceux qui les ont
faites. Oui, répliquent les partisans de
la négative, mais à la condition de ne
pas déroger à l'ordre public. Or, cette
stipulation d'irresponsabilité est contraire
à l'ordre public. Elle est immorale ; elle
est donc nulle, conformément à l'article 6
du Code civil. La jurisprudence a longtemps admis ce raisonnement, puis, par
un arrêt célèbre, en date du 4 fév. 1874 (2),
la Cour de cassation est entrée dans
la voie qui lui était tracée par plusieurs
Cours d'appel et a admis que cette convention, si elle n'a pas pour effet d'affranchir le stipulant de la responsabilité de
ses fautes et des fautes de ses préposés, a
tout au moins pour effet de mettre la preuve
à la charge de l'autre partie. Ainsi donc,
cette clause d'irresponsabilité aurait simplement pour résultat un renversement de
la preuve. Cette décision est très vivement
critiquée. L'intention des parties a été, dit-
on, de décharger le futur responsable de sa
responsabilité. Elles n'ont pas le moins du
monde songé à toucher aux règles sur la

---

(2) Cass., 4 fév. 1874 ; S., 74, 1, 273. — V. encore
Cass., 25 oct. 1887 ; S., 88, 1, 31, et les arrêts cités
en note.

preuve. Ou cette clause est valable ou elle est nulle : pas de milieu. Le tribunal peut la briser, mais ne peut la modifier, ne peut refaire le contrat. La jurisprudence a été qualifiée de bizarre, de divinatoire, et on doit reconnaître que, présentée comme je viens de le faire, d'une façon théorique et abstraite, elle semble mériter ces épithètes peu flatteuses.

Elle est néanmoins très juridique quant à son résultat. On peut reprocher seulement à la Cour suprême de ne l'avoir pas bien motivée, et même de ne pas l'avoir formulée d'une façon exacte. C'est ce que nous allons essayer de faire.

Mais, d'abord, comment la question peut-elle se poser en pratique? Comment peut-on concevoir une convention destinée à exonérer quelqu'un des conséquences d'un délit qu'il n'a pas encore commis? Pour nous en tenir au simple délit civil, une pareille convention ne se conçoit pas, au premier abord, puisque la responsabilité délictuelle existe entre tiers, entre personnes qui n'ont pas eu de relations antérieures. Cela est exact. Quand on parle d'une stipulation d'irresponsabilité, on ne suppose pas l'auteur éventuel d'un délit allant trouver la future victime, pour pactiser uniquement sur les conséquences de ce délit non encore accompli. On parle d'une clause accessoire insérée dans un contrat quelconque, par exemple, dans un contrat de transport, soit de transport par chemin de fer, soit de transport par mer. L'invention de ces clauses est assez récente. Elle se rattache à la transformation profonde qui, dans la seconde moitié de notre siècle, a révolutionné l'industrie des transports. Aux modestes voituriers se sont substituées de puissantes Compagnies de chemin de fer; aux petits voiliers ont succédé de grands navires à vapeur armés par d'importantes Sociétés. On chargeait jadis, à loisir, sur une voiture, quelques quintaux de marchandises; on mettait de longs jours à compléter la cargaison d'un brick de 200 tonneaux. Aujourd'hui, on compose, en quelques instants, un train de 20 wagons, on voit, en quelques heures, de jour ou de nuit, des milliers de tonnes de marchandise s'engouffrer dans les cales des transatlantiques ou des clippers. L'importance énorme du trafic, la rapidité fiévreuse du chargement et du déchargement devaient amener les transporteurs à trouver très lourde la responsabilité que le droit commun fait peser sur eux. De là à chercher à s'en affranchir, il n'y a qu'un pas. Ce fut sur des clauses d'irresponsabilité insérées dans les tarifs de chemin de fer, que la jurisprudence eut d'abord à se prononcer.

On sait que les Compagnies offrent aux expéditeurs de marchandises, à côté du tarif général assez élevé, des tarifs spéciaux fort réduits, mais contenant certaines clauses favorables à la Compagnie; parmi ces clauses, il en est une qui déclare que la Compagnie ne répond pas des déchets ni avaries de route (1).

C'est de cette clause des tarifs que la jurisprudence dit qu'elle aboutit simplement à un renversement de la preuve. La clé de la jurisprudence est dans la distinction bien connue entre la faute délictuelle et la faute contractuelle.

Si tout homme est tenu, en principe, de réparer le dommage qu'il a injustement causé à autrui, ce dommage illicite peut intervenir dans deux situations différentes : ou il n'existe entre l'auteur du fait dommageable et la victime aucun lien de droit, ou ces deux personnes sont unies par une convention ; dans le premier cas, le dommage proviendra d'une contravention à la loi ; dans le second, de l'inexécution du contrat. Le contrat et le délit, ces deux mots étant pris dans le sens le plus large, voilà les deux sources d'où découle la responsabilité ; toute faute la mettant en jeu est nécessairement contractuelle ou délictuelle. Il y a faute délictuelle, par exemple, lorsqu'un train écrase un cheval à un passage à niveau, il y a faute contractuelle quand la Compagnie égare ou détériore, dans un accident, un colis qu'elle s'est chargée de transporter.

---

(1) V. l'ouvrage de M. Féolde : *Des Transports par chemin de fer*, p. 187.

Ces deux responsabilités, celle qui dé
coule d'un contrat et celle qui résulte d'un
délit, ont donc un domaine propre. Est-ce
à dire pourtant que leur champ d'application soit absolument séparé , et qu'elles ne
puissent jamais se cumuler au profit de la
victime du dommage? Ce serait une erreur
de le croire. Sans doute, entre deux personnes juridiquement étrangères l'une à
l'autre, la responsabilité ne peut naitre que
d'un délit ou quasi-délit; mais la réciproque
n'est pas vraie : deux personnes étant unies
par un lien contractuel, l'une d'elles peut,
à l'occasion de ce contrat, se rendre coupable d'une faute délictuelle.

La loi, en effet, oblige tout le monde,
nul ne peut se soustraire à son application,
pas plus par un contrat que de toute autre
façon. Ceci dit, il peut se faire que l'inexécution par un débiteur de son obligation
constitue, non seulement une violation de
la parole donnée, mais en outre un man-
quement à la règle générale, que l'on ne
doit pas causer de dommage à autrui; le
dommage éprouvé par le créancier peut
avoir sa cause dans un acte du débiteur qui,
provenant d'un tiers étranger au contrat,
donnerait ouverture contre lui à une action
en réparation fondée sur l'article 1382. Le
créancier pourra, s'il le veut, s'il y a intérêt,
laisser de côté le contrat et se prévaloir
seulement du délit ou du quasi-délit. La
faute contractuelle masque le plus souvent

la faute délictuelle, mais ne l'absorbe pas.

Faisons l'application de ces idées au contrat de transport! Le voiturier, en détériorant le colis, commet une faute contractuelle (art. 1784), mais il se peut que cette détérioration, si elle eût été l'œuvre d'un tiers, eût fait naître à la charge de ce tiers une obligation en réparation basée sur l'article 1382; l'expéditeur aura, dans ce cas, deux actions pour demander la réparation du préjudice, l'une fondée sur le contrat, l'autre sur le quasi-délit : ces deux actions sont parfaitement distinctes. Elles ont des caractères très différents et bien connus. Je n'en veux signaler que deux. Le premier a trait à la preuve. En invoquant l'article 1382, pour demander réparation du préjudice à lui causé par la détérioration du colis, l'expéditeur doit établir une faute à la charge de la Compagnie. S'il invoque, au contraire, le contrat de transport, ce contrat une fois établi, l'expéditeur aura fourni toute sa preuve. Si le voiturier soutient que la détérioration ne lui est pas imputable, il devra établir le cas fortuit qui le libère. Mais, d'autre part, le contrat est l'œuvre des parties qui peuvent établir leurs obligations réciproques et doser à leur gré, comme elles l'entendent, leur responsabilité. Il peut être entendu qu'une des parties ne répondra pas de ses fautes. Pareille convention est certainement valable, sauf pour le dol, dont on ne peut stipule l'irresponsabilité, et les fautes lourdes assimilées au dol. Tout au contraire, la responsabilité aquilienne, œuvre de la loi, est d'ordre public, il ne peut y être dérogé par aucune convention. Soit donc une clause d'irresponsabilité insérée dans un contrat de transport, elle sera valable et obligatoire en ce qui concerne les fautes contractuelles, nulle et sans effet pour les fautes délictuelles. L'expéditeur ne pourra plus, pour demander la réparation du préjudice causé par la détérioration du colis, se prévaloir du contrat et de l'article 1784, qui n'est que l'application du principe général de l'article 1302 et qui est interprétatif de la volonté des parties. Il pourra encore invoquer les articles 1382 et 1384, mais à la condition d'établir une faute de la Compagnie (1). Il a la charge de la preuve, tandis qu'en vertu du contrat, cette charge eût pesé sur la Compagnie. On voit donc qu'il est exact, en fait, sinon en droit, de dire que la clause d'irresponsabilité aboutit à un renversement de la preuve.

Ce que je dis du transport par terre, je le dis, sans hésitation ni distinction aucune, du transport par mer. Il faut décider, à mon avis, que la clause, aujourd'hui de style dans tous les connaissements, et décidant que l'armateur ne répond pas des fautes du

---

(1) V. sur tous ces points, Sainctelette, *Responsabilité et garantie*, p. 1 et suiv., et p. 50 et suiv.

capitaine et de l'équipage, est valable pour ce qui concerne la faute contractuelle, et sans effet pour la faute délictuelle.

La jurisprudence est-elle dans ce sens?

A cette question, il est assez difficile de répondre. La jurisprudence est assez confuse. La Cour de cassation semble, dans une première série d'arrêts rendus en 1877 et 1878, avoir admis la validité absolue et générale de notre clause, puis de 1882 à 1887, la théorie du renversement de la preuve, enfin, depuis 1888, elle serait revenue à son premier système (V. Cass., 12 fév. 1890; S., 90, 1, 201 et les renvois). On a cherché des conciliations entre ces différents arrêts trop rapprochés pour indiquer un véritable revirement de jurisprudence. La meilleure consiste à dire que la jurisprudence a distingué deux hypothèses, celle d'un armateur agissant comme transporteur, véritable voiturier par mer, qu'elle assimile au voiturier par terre, et notamment à la Compagnie de chemin de fer, et celle où l'armateur est simplement armateur fournissant le navire et le capitaine, ce dernier étant le vrai voiturier. Dans le premier cas la clause produit un simple renversement de preuve, dans le second une véritable irresponsabilité absolue et générale. Cette seconde solution me semble inadmissible, la jurisprudence la motive en disant que le capitaine est un préposé d'une espèce toute particulière, à raison des conditions de capacité qu'on exige de lui, et qu'il échappe, en fait et en droit, à l'autorité de l'armateur. Cette raison ne me semble pas suffisante. Je suis encore moins favorable à la validité absolue de la clause d'irresponsabilité en matière de transports maritimes que pour les transports terrestres. C'est qu'en effet les Compagnies n'imposent pas cette clause aux expéditeurs, qui, s'ils l'acceptent, profitent d'une grande réduction de tarifs; au contraire, les grandes Compagnies de navigation, jouissant d'un monopole de fait presque aussi solide que celui des chemins de fer, s'entendent pour les imposer aux chargeurs, sans aucune compensation. Aussi, a-t-on demandé, notamment au Congrès d'Anvers, que le législateur intervienne pour les prohiber (1).

J'ai volontairement laissé de côté un argument en faveur de la validité des clauses d'irresponsabilité, insérées dans les connaissements. Il est tiré de l'article 353 du Code de commerce. Cet article dit que l'armateur peut assurer « la baraterie du patron ». On en conclut qu'il doit pouvoir valablement stipuler des chargeurs, l'irresponsabilité de cette baraterie (2). L'argu-

---

(1) V. sur la question de la validité des clauses d'irresponsabilité insérées dans les connaissements l'excellent ouvrage de M. Léon Denisse. « Du Fret », Paris 1891, p 187 à 200

(2) L'art. 352 du même Code ne permettant pas d'assurer la faute de l'armateur, il faudrait en conclure que l'armateur ne pourrait stipuler qu'il ne répondra pas de ses propres fautes.

ment ne me semble pas décisif. Sans doute lorsque la clause qui exonère une personne de ses fautes est valable, cette validité entraîne la validité de l'assurance correspondante. Mais la réciproque n'est pas vraie. On peut, en effet, assurer même une responsabilité dont l'assuré ne pourrait s'affranchir par un contrat directement passé avec son créancier éventuel. C'est qu'en effet si la convention d'irresponsabilité et le contrat d'assurance doivent être assimilés, en ce qui concerne le débiteur, car pour lui ils ont le même résultat, ils sont très différentes pour le créancier. La clause d'exonération prive la victime de tout droit à une indemnité; l'assurance, au contraire, ne supprime pas la réparation, mais en reporte, moyennant un équivalent aléatoire, le poids sur la tête de l'assureur. Elle ne nuit pas à la victime, elle peut même lui être avantageuse en augmentant ses chances d'être indemnisé. Par conséquent, alors même que l'on décide, d'une façon absolue, que le commettant ne peut stipuler qu'il ne répondra pas des fautes de ses préposés, il faut cependant admettre qu'il pourra s'en garantir par une assurance. Cette assurance, qui est très fréquente, est absolument licite. La jurisprudence est complètement fixée en ce sens (1).

(1) Cass., 2 juin 1886; S., 87, 1, 369.

Paris.-Imp. PAUL DUPONT. — 1061.8 (12